To my family

प्रस्तावना

रूबरू मीमांसा से जिंदगी के कुछ गहन लम्हें है जो कागज पर उतारे है। इन्हे आप महसूस करे।

आप जिंदगी के सफर में किसी भी पड़ाव पर हो, इनमेसे कुछ कविताएं आप को आपके व्यक्तिगत लम्हें से रूबरू कराएगी, कुछ पुराने ज़ख्म कुरेदेगी, कुछ जख्मो पर मल्हम लगाएगी, कुछ गुदगुदाएगी, कुछ आँखें नम करेगी, लम्हों को फिर से जी लेना। किसी से माफ़ी माँग लेना, किसिको माफ़ कर देना।

इन कविताओ को सही में महेसुस करना हो तो शुरू से अंत तक ना पड़े।

जब पढ़ने का मन करे, कोई भी क्रमरहित पृष्ठ खोले और कविता का आनंद ले। अगर कविता आपके लम्हें को ना छू गई तो यही क्रिया दोबारा दोहराएं।

ज़ख़्मी रूहो को शिफा करने की यह एक ख़ाकसार कोशिश है।

रूबरू मीमांसा से

Confrontation with the reflection

Poems

Dr. Shashank Dhuri

Qurate
quratebooks.com
Because everyone has a story to tell

रुबरु मीमांसा से

Confrontation with the reflection

Dr. Shashank Dhuri

Published by Qurate Books Pvt Ltd.

First Published in 2023

ISBN: 978-81-19263-37-0

Printed at Manipal Technologies Limited, Manipal

Qurate
quratebooks.com
Because everyone has a story to tell

Qurate Books Pvt. Ltd.

www.quratebooks.com

Email: info@quratebooks.com

INTRODUCTION

CONFRONTATION WITH THE REFLECTION are some intense moments of life which have been penned down on paper. Please feel them.

Whatever stage you are in the journey of life, some of these poems will make you confront your personal moments, some will scratch old wounds, some will heal them, some will tickle you, and some will moisten the eyes. Relive these moments. Apologize to some, forgive the others.

If you really want to feel these poems, don't read the book from beginning to end.

When you feel like reading, open any random page and enjoy the poem. If the poem does not connect to your moment then repeat the same process.

It is a humble attempt to heal wounded souls.

अनुक्रम

Chapter 1

मीमांसा
SELF REFLECTION

मेरे इस आइने मे ये शख्स कौन है
दिखता तो मेरे सा है पर कोई और है

who is this person in my mirror

looks just like me, but he is someone else

मैं अपनी खामोशी में
अक्सर बातें करता हूं

in my silence

I talk often

बड़ी सस्ती बिकी है मेरी मासूमियत
सौदागरों ने उसे भी ना छोड़ा

my innocence has been sold very cheap

the merchants didn't spare it either

घूम जाते है अक्सर
जिंदगी के नक्शे थोड़ी ना होते है

I often lose my way

life comes with no maps

दुनिया का तमाशा देखते देखते
कब तमाशा हो गए पता ही नहीं चला

constantly watching the humors of the
world

did not realize when I became a joke

सुन्न हो जाते है सारे पुरजे मेरे
कभी कभी मैं अपने आप से युही दूर हो जाता हूं

all my parts go numb

sometimes I get distant from myself this way

Chapter 2

यौवन
YOUTH

गिला हमें भी है अपने आप से
सुस्त बड़े हैं हम

complaints I have with myself

I am very indolent

गरीबी हम अपनी यू छुपाते है
फटी पतलून को फैशन बताते है

we hide our poverty

by labeling torn trousers as fashion

जब जेब में ना, कुछ पैसे हो
न जाने क्यों दुनिया खरीदने का मन करता है

when there is some money in the pocket

don't know why, feel like buying the world

हमने अपनी सारी कमाई उन चिज़ो पे लगादी
जो हमारी जान के प्यासे रहे हैं

I have invested all my earnings on things

that have been thirsty for my life

थोड़ा तंग चल रहा हूं मैं
पर जिंदगी तो रईसो वाली ही जिएंगे

I'm running a little tight

but will only live a rich life

शहर में आपके जो दोस्त कोई आए
आप को मिलने की चाहते इतनी हो
के वो शहर के अजूबे भुल जाए

When your friend comes to your town

they should be so passionate to meet you

that they forget the wonders of the city

रहने का ठिकाना पूछते रहे वो हमसे
इंतजार में रहे हम भी उम्र भर
पर आया कोई नहीं

they kept asking me where I stay

I've been waiting for ages

but no one came

कभी ख्वाब देखते हैं

कभी तकदीर

कभी औकात

sometimes I see a dream

sometimes fate

sometimes limit

हवाओं से कह दो कोई हमसे ना उलझे
परवाने जिस पे खुद को मिटा दे हम वो शमा है

tell the winds don't mess with me

moths burn themselves in, I am that flame

ये EMI का जमाना है जनाब
यहाँ प्यार भी किस्तों में होता है

this is the era of EMI

here love also happens in installments

अफ़साने सुनाए थे मेरे वो सच थे सारे
आप उन्हें खेल समझ बैठे

the stories told about me were all true

you mistook them for a game

अब कुछ ना चाहेंगे मेरी जान सिवा तेरे
बस इतना बता दे रूठने की वजह क्या है

now I desire nothing but you

just tell me what is the reason for sulking

वफादारी का मेरे हिसाब मांगा जा रहा है
खुद को मिटा दूं तो चैन मिले?

my loyalty is held accountable

if I end myself, will they be at peace?

लुटेरे हो तुम
कहीं का ना छोड़ा

you are a bandit

who left me devastated

बस एक मुलाकात की ख्वाहिश है
उनका पास से गुजर जाना भी मंजूर है

desire of just one encounter

even if she passes by me is acceptable

दिल को बांध न सका घर मेरा
दिल के हिस्से में तो थे सफरनामें

my house could not bind my heart

In the share of the heart, were travels

ना रास्ता मिला ना कोई मंजिल
हम सफर में ही रहे
हमसफ़र की तलाश में

no way was found nor the destination

I stayed on the journey

In pursuit of a soul mate

जब तुम हद से ज़्यादा बूरे बन जाते हो ना
तो शैतान भी साथ छोड़ देता है

when you get immensely evil

even the devil leaves you alone

तेरा एहसान है मुझ पर के तन्हा छोड़ दिया
कामयाबी यूँ ही कदम नहीं चूमती मेरे

It’s a favor that you left me alone

wouldn't have been successful otherwise

Chapter 3

प्रेम
LOVE

इस छोटी सी ज़िंदगी का दास्ताने सफर
शुरू तुम पर, खतम तुम पे

the story of my short life

starts from you, ends with you

सुना है अमावस के अंबर पे
चांद की रोशनी देख लेते हो तुम

have heard, on the new moon night

you see the moonlight

तकते रहे रात भर आँखे
सर रख कर ज़ानू* पे तेरी

* जाँघ

kept staring at your eyes all night

resting my head on your lap

ख्यालो में आप मेरे बार बार यू ही नहीं आते
राब्ता* ये पुराने जन्मो का है

* संबंध

you don't haunt my thoughts for no reason

it is a connection of past lives

महसुस करना तो सिखा है उनसे हमने
वरना जिंदगी तो देखने, दिखाने में चली गई

I have learned how to feel, from her

life was just spent in seeing and showing otherwise

यू ही नहीं पहना करती क़मीज़ हमारी छुप छुप के
रूह पर हक जताने का ये पुराना तारिका है

she wears my shirt secretly for a reason

It’s an old custom to claim the soul

आँखों से नदिया रोके न रुके
हम इतना याद आना चाहते हैं

the rivers of your eyes won't stop

how hard you try

I want to be missed so much

दवा थे वो
छुके भर दिए सारे ज़ख़्म मेरे

medicine, she was

her touch healed all my wounds

ख़्वाबों से आए थे वो
मेरी दुनिया संवारने
हम उन्हें सुधारने की खता कर बैठे

from dreams she came

to fix my world

I made a blunder to fix her

एक तुम हो, एक हम हैं
हम दोनों ही काफी हैं

there is one you, one me

we both are enough

Chapter 4

जिंदगी
LIFE

तेरे हर खेल में
एक जीत एक हार होती है
मैं हार जाता हूं अक्सर
के तेरे जीत में मेरी जीत होती है

In each of your games

there is a win and a loss

I often lose

that in your victory is my victory

आप नहाने की बात करते हो

हमने घंटो बिताये हैं घुसलखानो में

you speak of bath

I have spent hours in the bathroom

एक छोटा सा कमरा और मैं हूं
एक टूटा सा सपना और मैं हूं

a small room and me

a broken dream and me

धागे जो बंधे थे कलाई पे मेरे
वो सारे तोड़ फेके है
मन्नतोने फरेब किया है मुझसे

the threads that tied my wrists

they are all broken and discarded

vows have cheated me

इबादत छोड़ दी है मैंने
मंदिरों में पत्थरों के सिवा कुछ भी नहीं

painted my world blue

she was in love with that color

आंधियो के शहर में
हम चिराग लिए घूम रहे हैं

In the city of storms

I am roaming with a lamp

जिंदगी भर जिसकी इबादत में रहे
मेरे दिल के टुकड़े ने उन्ही से जंग छेड़ दी

the one I worshiped all my life

a piece of my heart waged a war against
it

आज मुकाबला खुद उनसे है
जिन्की इब्बादत से हर जंग जीती थी हमने

today the war is against the one

in whose worship I have won every battle

जिंदगी अब तू ही बता
हार जाऊ या हराओगे हमें

life, now you tell me

should I lose or will you defeat me

जाने दो उसे

दर्द है, फिर आएगा

let it go

it's PAIN, it will return again

वो मांगता रहा खूद को मिटानेकी दवा हमसे..
हम चुप रहकर साल उसके बढ़ाते रहे..

he kept asking me for medicine to destroy himself

I kept increasing his years by being silent.

बिखरेंगे अब की कुछ इस तरह
सिमटने वालो का इम्तिहान होगा

will scatter myself in a way

those who gather me will be tested

बड़ी घुटन सी है इन तंग गलियों में
मेरे भी हिस्से का कही आसमां होगा

It's very suffocating in these narrow alleys

my share of the sky will be somewhere

मदत की भीख मांगना कोई बुरी बात नहीं
दिल की भी कुछ मजबूरियां होती है

It's not a bad thing to beg for help

the heart also has its obligations

सुनाकर जो गए थे कल
वो अपने सारे दिल के दर्द
आज हमारे दर्द पे हस दिए

the ones who left yesterday after telling
all their heartache
laughed at my pain today

निभाते रहे तेरी हर एक जिद ऐ जिंदगी
मेरी भी एक जिद है, ले तेरी बारी

kept fulfilling every wish of yours, oh life

I too have a wish, now your turn

Chapter 5

तजुर्बे
EXPERIENCES

सिलसिले सारे थे उन मंज़िलोके
मंज़िलें बदलती रही बार बार मेरी

all the tales were of those destinations

my destinations kept changing again and again

पाने की चाह में

बहुत कुछ खोया है हमने

In the desire to gain

I have lost a lot

रिहा कर दे तू अब मुझे
अपने आप से

release me now

from myself

सबर

patience

उतना ही चाहा मुझे जितनी मेरी जरूरत थी
कुछ दिलो के भी दिमाग होते हैं

I was loved in proportion of their needs

some hearts have brains

अकेले पाओगे अपने आपको
सच बोलने की गंदी आदत अगर लग जाएगी

you will find yourself alone

If you get into the bad habit of telling the truth

तारिफ करने वालों से बड़ा डर लगता है हमे
यकीन है दिल के अज़ीज़ चीज़ों को मांग लेंगे

I fear the ones who praise

surely they will ask for the things precious to our heart

झूठ बोलने वाले बड़े पसंद है मुझे
नौटंकी की हद पार कर देते हैं

I fancy liars

they cross all limits of their drama

वादे निभा न पाओ कभी
तो वादा करना छोड़ न देना
वादे पर तुम्हारे जिंदा है हौसले कई

If you are unable to keep a promise

don’t stop making one

courage thrives on your promises

ये आवाज़ों का बाज़ार है जनाब

खामोशी न बिकती यहाँ

this is the market of voices sir

silence doesn't sell here

चलो जी लेते हैं जी भर के इस पल को
हर एक कल में और एक कल छुपा है

let's live this moment to the fullest

every tomorrow hides another tomorrow

इसके पहले के दुनिया के झमेले थे
एक बस मैं था

before the world and its affairs

there was only me